446 Fonvielle de Marseille
17. Decembre 1879

CATALOGUE

ESTAMPES

DE

L'ÉCOLE DU XVIIIe SIÈCLE

ŒUVRE DE DEMARTEAU

D'après BOUCHER et autres

EN TRÈS-BELLES ÉPREUVES

QUELQUES DESSINS ET AQUARELLES

Collection de M. F... de M...

DONT LA VENTE AURA LIEU

HOTEL DES COMMISSAIRES-PRISEURS

RUE DROUOT, 9, SALLE N° 4

AU PREMIER ÉTAGE

Le Mercredi 17 Décembre 1879

A UNE HEURE PRÉCISE

Me MAURICE **DELESTRE**, Commissaire-Priseur,
rue Drouot, 27,
Assisté de **M. VIGNÈRES**, Marchand d'Estampes,
rue de la Monnaie, 21, à l'entre-sol,
CHEZ LEQUEL SE DISTRIBUE LE CATALOGUE

PARIS — 1879

CONDITIONS DE LA VENTE

L'ordre du Catalogue sera suivi.

Les attributions de l'amateur ont été conservées pour les Dessins.

La vente sera faite au comptant.

Les Acquéreurs paieront CINQ POUR CENT en plus des enchères, applicables aux frais.

M. VIGNÈRES, chargé de la Vente, remplira les Commissions.

NOTA. Toute Commission sans prix fixé ou sans limite déterminée sera regardée comme nulle.

M. VIGNÈRES se charge de faire marquer les prix aux Catalogues des Ventes qu'il a faites. Les personnes qui le désirent peuvent s'adresser à lui *franco*.

Plusieurs Amateurs éloignés en ont reconnu l'utilité pour les guider dans leurs achats sur les valeurs des Estampes.

Les Catalogues des Ventes à faire seront envoyés aux personnes qui en feront la demande *affranchie*.

AVIS. — Nous prions MM. les Amateurs éloignés de ne pas attendre au dernier jour, pour que les lettres arrivent le matin de la vente, les lettres étant distribuées après mon départ.

Choix de Catalogues avec prix marqués.

M. VIGNÈRES se charge des Commissions dans les Ventes de Livres et Estampes autres que les siennes.

770 Catal. affranch.	32 50		3,395
6 Mains chemises 1.50	9 ..		
Honoraires 10%	339 50		
4 montage 2 a 25 1 a 15.1 a 10	75		
Transport a l'hotel	2 75	390 50	
75 affiches colombier et afficheur		45 50	
Moniteur des Ventes insertion		12 80	
Declaration de Vente		2 20	
Timbre du Procès Verbal		3 60	
Enregistrement		88 75	
Versement en Bourse commune		107 10	
Honoraires Delestre		107 10	
Clerc et Crieur		12 ..	
Location de la salle 4. un jour		40 20	
Impression de 800 Catalogues		206	
Journée du Commissionnaire		5	
pour suppl. de travail		10	
		1,030 75	
Deduire 5% des acquereurs		169 75	861 00
Mr Fourielle	3395		2,534
Tort des 2 caisses	7 ..		~~10~~
			~~2,524~~

Frais 25.36 %

Imbaut 6 Veyrac 10

Fournier 5

Fournier 13

Fournier 1[illegible]

(4466)

CATALOGUE

ESTAMPES DU XVIIIe SIÈCLE

1 **Alix.** Bossuet d'ap. *Rigault*, ovale, petit in-fol. Belle ép. 7 Vey

2 — Pie VII, d'ap. *J. B. Vicar*, petit in-fol. Belle ép. 2

3 — Molière, d'ap. *Mignard.* — Montesquieu, d'ap. *Garnerey.* 2 portraits ovales, petit in-fol. coupés en ovales. Très-belles ép. 4.50

4 — Montesquieu avant la lettre, à la pointe, gravé *par P. M. Alix* 1793. Belle ép. 3 Vey

5 — Baptiste aîné dans Robert chef de brigands, avec la scène au bas, petit in-fol. Rare. 12.50

6 — Michu de l'Op. Comique avec les scènes de Blaise et Babet, Paul et Virginie, très-belle ép. petit in-fol. Rare. 17

7 — Mme Saint-Aubin de l'Op. Comique, avec la scène IV d'Ambroise, petit in-fol. Belle ép. Rare. 30

8 **Anonyme.** (Le saut du cerceau. Bacchanale). In-fol en travers. 3

9 — Le Lutrin de Village, lithog. en travers. — Marchands d'habits, n° 24 par G. de Galard, en hauteur. — 2 p. Caricatures coloriées. 2.50

10 — (Buste de jeune femme coiffée d'un chapeau à larges bords avec nœud et plume; vue de face elle tient un éventail). Rond in-12.

11 — (Les repentirs tardifs) colorié, sans marge. In-4°. Très-belle ép.

12 — Pan and Syrinx (Il la tient sous son bras droit et la corrige avec sa main gauche). In-fol. en hauteur. Texte anglais. 1787.

13 — (Péripéties de chasses). 12 p. en formes de frises, très curieuses, coloriées.

14 **Antonini** (Carlo). Manuale di varj ornamenti, Recueil de Rosaces antiques existant à Rome. 50 p. Titre et texte italien, Cahier in-4, manque le n° 48.

15 **Bartolotti** (F.). Spinning Top. — Children playing with a Bird.—2 p. d'ap. *W. Hamilton*; ovales en travers, grandes marges.

16 — Variety, d'ap. *G. Moreland.* In-fol. Belle épr. Marge.

17 — Domestic Happiness, Lætitia with her Parents, d'après *G. Moreland.* In-fol. bistre. Belle ép. Marge.

18 **Bartolozzi** (F.). Jupiter and Europa, d'ap. *G. Reni.* In-fol. bistre.

19 **Baudouin** (S. R.) 1757. Exercice de l'infanterie Française, déssiné d'après nature et gravé. 63 pl. et texte et titre gravé, fin de page d'ap. *A. Saint-Aubin.* Vol. in-fol. rel. pl. veau marbré, la planche 10 est déchirée, bel ex. grand papier.

[illegible]

[illegible] 42

[illegible]

[illegible]

20 **Boilly** (D'ap. Louis). La douce Résistance. — On la tire aujourd'hui. 2 p. par *J. Tresca.* In-fol. 29

21 — L'amant favorisé. — La comparaison des petits pieds. — 2 p. par *Al. Chaponnier.* In-fol. coloriées. 30

22 **Bonnefoy.** Lovelace in Prison, d'ap. *J. F. Rigaud.* Ovale en travers, in-fol. Très-belle ép. Marge. 5.50

23 **Bonnet.** Étude d'après nature dessiné par Mrs *Pierre* et *Jaurat*, n°s 1-4. 4 p. in-4°. Sanguines. 2.50

24 — ? (Paysanne nu-pieds, dansant, un bouquet dans sa main gauche et un panier à son bras droit). N° 6 petit in-fol. en hauteur. Belle ép. Sanguine. 1.50

25 — ? Têtes de jeunes filles, d'ap. *Clément*, d'ap. *Vanloo.* N° 2; n° 4. Femme nue debout vue de dos, n° 4 d'ap. *Bouchardon.* 4 p. in-4°. Sanguines. 3

26 — Didon, d'ap. *Natoire*, n° 1. Têtes de jeunes hommes, d'ap. *Vanloo*, n° 3, d'ap. *Ch. Eisen*, n° 2. Tête de vieillard d'ap. *Ch. Eisen*, n° 4. — Tête de petite fille, d'ap. *Le Clere* par Jubier, 15e cahier, n° 6. — 5 p. in-4°. Sanguine, 5

27 — Toilette du matin. — Toilette du soir. 2 p. Dess. d'ap. nature par *Beaulier.* Sanguines in-4°. Superbes. 19

28 — ? (Femme nue assise). Très-belle épr. Marge. 5

29 — *Direxit.* L'Amour et l'Amitié, d'après *L. Lagrénée.* N° 260. Ovales équarris, in-fol. aux trois crayons. 6.50

30 — *Direxit*. Bustes de jeunes filles, nº 230, 234, aux trois crayons, avec bordure d'or., 2 p. gravées par *Louis Marin*, inventeur.

31 — Bazile et Luzy, nº 704. Petit in-fol. en hauteur d'ap. *Aubris*. Superbe.

32 — (Chez). L'Amant écouté, nº 836. Belle épr.

33 — L'Amant écouté. — L'Éventail cassé. 2 p. petit in-fol. Nos 836. 835.

34 — Combat sur Mère et sur Terre, d'après *Vamgophe*. A Paris chez Guyot graveur rue de la Monnoye, nº 20. Très-belle ép., petit in-fol. en travers.

35 **Boucher** D'ap.). Offrande sincère, par *L. Bonnet*. Grand in 4º. Sanguine.

36 — (Têtes de jeunes filles), par *L. Bonnet*. 2 p. in-4º aux trois crayons.

37 **Challe** (D'ap.). Le portrait chéri. Grand in-4º.

38 **Chaponnier** (D'ap. Alex.). Danaé.-Io. 2 p. d'ap. *Regnault* de Rome. In-fol. Belles ép.

39 — (Terminé par). La petite Famille, par J. N. Joly, d'ap. W. *Hamilton*. Belle ép. in-fol.

40 **Chapuy** (J. B.). La Comparaison, Réduction contre-partie petit in-fol. de celle de Janinet d'après *Lavreince*. Très-belle épr., marge. Rare.

41 **Clément**. The Family's happiness restored by their Childs return, d'ap. *Cosse*. In-fol. en travers.

42 **Coqueret**. Portrait de J. de La Fontaine, peint par son ami *Rigaud*, Pointeau del. ; tête forte comme nature, in-fol. Belle ép. Marge.

[illegible]

Bayan [illegible]

[illegible]

[illegible] 15[illegible]

[illegible]

[illegible]

[illegible] B[illegible]

[illegible]

Desmarteau 15

Wittert 20

Wittert 10

Rapilly 12

Rapilly 12

43 **Debucourt**. Retour des champs, d'ap. *C. Vernet*, in-fol en travers.

Œuvre de DEMARTEAU

44 **Bouchardon** (D'ap.). Têtes de vieillard. (119, 120, 305). — Tête de jeune fille; (307). — Académies d'hommes: (352, . . . , 343). — Écorchés: (1, 2, 3, 4). 12 p.

45 **Boucher** (D'ap. F.). Têtes de vieillards et satyre. (3, 4, 5), gr. in-4°. — (Tête d'homme chauve et barbu. (3). in-fol. 4 p. Sanguine. Très-belles ép.

46 — (Jeune fille assise à terre, vue de dos, le bras droit dans un panier de fleurs). (6). In-4° en travers. Belle ép.

47 — (Têtes de jeunes filles, trois quart à droite, et trois quart à gauche). (7, 8). 2 p. in-fol. Belles épr. Sanguine.

48 — (Intérieur de ferme; à gauche deux enfants près d'une botte de paille). (11). In fol. Sanguine. Très-belle ép.

49 — (Têtes de jeunes filles). (14, 20). Sanguines, petit in-fol. Très-belles ép.

50 — L'Éducation de l'Amour, (24). Sanguine ov. éq. in-fol. Très-belle ép.

51 — (Têtes de jeunes femmes les yeux baissés). (25, 26). 2 p. sanguine, in-fol. Belles ép.

52 — (Groupes de têtes de jeunes filles et enfants). (27, 178). 2 p. sanguines, gr. in-4°. en travers Belles ép. Marge.

53 — (Têtes de jeunes filles trois quart à gauche et vue de dos). (33, 34). 2 p. Sanguines, grand in-4°. Belles ép.

54 — La Bohémienne, (43). — Autre. (44). 2 p. Sanguines in-4°.

55 — (Femme nue assise sur un canapé, sa jambe gauche croisée sur son genoux droit). (45). Sanguine in-4° Très-belle ép. Marge.

56 — (Femme nue couchée sur le ventre; un Amour dort au fond sur sa jambe droite). (46). Sanguine, in-fol. en travers très-belle ép. Marge.

57 — (Bergère debout, et sa houlette). (48). Sanguine, in-fol. Très-belle ép. marge.

58 — (Jeune fille vue de dos, une corbeille de fleurs sur la tête). (54). Sanguine, in-fol. Très-belle ép. Marge.

59 — (Jeune femme debout tenant un enfant dans ses bras; un autre dort à terre). (55). Sanguine, in-fol. Très-belle ép. Marge.

60 — (Groupes de moutons et chèvres). (56, 57, 228). 3 sanguines, petit in-fol. en travers. Très-belles ép.

61 — (Mères et enfants). (50, 58). 2 sanguines in-4°. Belles ép.

62 — C'est la fille à Simonette. (59). Sanguine in-fol. Très-belle ép. Marge.

[illegible] 13

[illegible] 13

Rapilly 12

[illegible] 15 [illegible] 5 Rapilly 12

Rapilly 12

Rapilly 24

Bevalier 41

Rapilly 24

63 — (Baigneuse surprise et contente). (Les amants surpris). (61, 62). 2 sanguines in-fol. Très-belles ép. Marge.

64 — (Petit paysan, petite paysanne vue de dos). (68, 69). 2 sanguines in-4°. Belles ép.

65 — (Jeunes paysannes portant des paquets. — Laveuse). (70, 71). 2 sanguines, in-4°. Très-belles ép.

66 — (Vénus et l'Amour assise dans son char). (74). Sanguine, petit in-fol. Très-belle ép.

67 — Autel de l'Amitié. (75). Sanguine in-fol. Superbe ép. Marge.

68 — (Paysans, paysannes). (76-79). 4 sanguines in-4°.

69 — (Joueur de cornemuse). (80). — (Femme et trois enfants). (81). — (Femme et enfant dormant dans une forêt). (82). 3 Sanguines, in-4. Belles ép.

70 — (Femme couchée vue de dos, la tête à dr.). (83). Sanguine, in-fol. en travers. Très-belle ép. Marge.

71 — Le Dénicheur de merle. (84). — La Maraudeuse de fleurs (85). 2 sanguines in-fol. Très-belles ép. Marge.

72 — Les deux cœurs sur l'Autel de l'Amitié, couronnés par l'Amour... Allégorie. (86). Sanguine, in-fol. Très-belle ép. petite marge.

73 — (Femme à demi vêtue, couchée et endormie, la tête à droite). (87). Sanguine, in-fol. en travers. Belle ép.

74 — (Vénus et ses colombes sur un dauphin). (88). Sanguine, in-fol. en travers. Belle ép.

75 — (Têtes de jeunes filles). (89-92). 4 sanguines, in-4°. Belles ép.

76 — (Enfant vu de dos, et de face). (93, 94). 2 sanguines in-4°. Belles ép.

77 — (Petits paysans en chapeaux). (95, 96). 2 sanguines, in-4°.

78 — (Groupes d'amours). (97, 98). 2 sanguines, in-fol. Très-belles ép. Marge.

79 — (Groupes d'Amours : allégories de la peinture, et de la musique). (99, 100). 2 sanguines, in-fol. Très-belles ép.

80 — (Jeune fille prenant un panier de fleurs à terre). (101). — (Jeune fille jouant avec son oiseau sorti de sa cage). (102). 2 sanguines, petit in-fol. Très-belles ép.

81 — (Paysannes, paysan). (104-106). 3 sanguines, in-4°.

82 — (Groupe de six enfants). (107). — (Quatre enfants et deux dauphins). (108). 2 sanguines, in-4° en travers. Belles ép.

83 — (Groupe de quatre Amours et deux colombes). (109). — (Le Prix de l'arc). (110). 2 sanguines, in-fol. en travers. Belles ép.

84 — (Bergers et bergères). (111, 112). 2 sanguines, gr. in-4° en travers. Belles ép.

85 — (Têtes de jeunes filles). (113-116). 4 sanguines gr. in-4. Belles ép.

86 — (Érigone et Amour). (117). Sanguine ov. éq. In-fol. Très-belle ép.

B[illegible] [illegible]

Rapilly 20

[illegible]erali[illegible] [illegible] Rapilly 20

Be[illegible] 10 Rapilly 24

Bera[illegible] 16 Rapilly 10

Rapilly 12

Rapilly 12

[illegible]

[illegible]

87 — (Saintes Familles). 118-121). 2 p. in-4. 3. 50

88 — (Sujets de femmes). (122-123). — (Jeune fille vue de dos, un panier de fleurs dans son bras gauche). (124). 3 sanguines in-4. Belles ép. 5

89 — (Jeune chanteuse au repos). (127). Sanguine in-fol. Superbe ép. Petite marge. 16. 50

90 — Les Œufs cassés (128). — Le Maraudeur (129). 2 sanguines gr. in-4. Belles ép. 7

91 — La Pipée. (130). Sanguine in-4. Belle ép. Marge. 5

92 — (Soldats assis). (131). — Tête de jeune fille, presque face). (132). 2 sanguines in-4. Belles ép. Petite marge. 1. 50

93 — (Trois enfants et une tête de dauphin). (133). Sanguine in-fol. en travers. Très-belle ép. Marge. 6. 50

94 — (Une Nymphe couronne un buste de jeune fille). (134). Sanguine in-fol. Très-belle ép. Marge. 16

95 — La Poésie. (135). — La Peinture. (136). 2 sanguines in-fol. Très-belles ép. Marge.
Marge. 14

96 — (Bergère endormie, surprise par un jeune homme). (137). Sanguine gr. in-4. Très-belle ép. 14

97 — (Femme presque nue, couchée et endormie, la tête à g.). (138). Sanguine in-4 en travers. Belle ép. Marge. 9

98 — Le Petit jardinier. (143). — La Petite arroseuse). (144). 2 sanguines in-4. Très-belles ép.

99 — (La Petite au livre). (145). — Femme et mouton). (146). 2 sanguines in-4. Belles ép.

100 — (Têtes de jeunes filles). (157-160). 4 sanguines gr. in-4. Belles ép.

101 — (Vénus endormie, la tête dans la main dr.). (161). Sanguine petit in-fol. en travers. Belle ép. Marge.

102 — La Fidélité. (162) — (Bergère nu-pieds assise au pied d'un arbre). (163). 2 sanguines in-4 en travers. Belles ép.

103 — (Paysans et Paysannes). (165-167). 3 Sanguines gr. in-4. Belles ép. Petites marges.

104 — (Deux Paysannes et deux Enfants, à dr. une hutte en planche). (168). Sanguine gr. in-4. Très-belle ép. Marge.

105 — (Enfant debout, et un autre à terre vu à mi-corps). (169). Sanguine gr. in-4. Belle ép.

106 — (Mariage de sainte Catherine). (170). Sanguine petit in-fol.

107 — La bonne Mère. (171). — (Les Crêpes). 2 sanguines gr. in-4. Belles ép.

108 — Le Sommeil d'Annette. (172). Sanguine in-fol. Très-belle ép. Marge.

109 — Les Plaisirs innocents. (174-177). 4 sanguines in-4. Très-belles ép. Petite marge.

110 — Ninette (Mme Favart en jardinière). (179). Sanguine in-4. Très-belle ép. Marge.

Beraldi 11

Beraldi 21

111 — (Bergère assise de face, tenant sa houlette). (180). Sanguine in-4. Très-belle ép. Marge.

112 — (Jeune femme apportant un plat chaud). (181). — Paysan pêcheur). (182). 2 sanguines in-4. Belles ép. Marge.

113 — (Petite marchande et son panier). (183). — (Vierge et Jésus). (185). — Soldats. (186). 3 sanguines gr. in-4. Très-belles ép. Petites marges.

114 — L'Enfant à l'oiseau. (189). — (Buste d'enfant, de face). (190). 2 sanguines in-4. Très-belles ép. Petites marges.

115 — (Saintes familles). (191 - 192). 2 sanguines in-4. Très-belles ép.

116 — (Vénus assise accoudée, l'Amour, et Zéphyr). (193). Sanguine gr. in-4. Tres-belles ép. Marge.

117 — (Jeunes filles pieds nus). (195, 196). — (Ange), (197). 3 sanguines in-4. Belles ép. Marge.

118 — (Paysans couchés). (200-202). 3 sanguines in-4.

119 — (Deux Vénus et Amours et Colombes). (204). Sanguine in-fol. Marge.

120 — (Ange s'élevant au ciel avec trois Amours). (205). Sanguine in-fol. Marge.

121 — (Paysan au gr. chapeau, assis; et petit garçon debout). (207). — Vierge et Jésus). (208) 2 sanguines in-4. Marge.

122 — (Allégorie d'une source). (209). — (Petit Paysan tenant une bouteille). (211). 2 sanguines in-4. Très-belles ép. Marge.

123 — (Femme assise, et Enfant et Chien). (212). Sanguine gr. in-4 en travers. Très-belle ép. Marge.

124 — (Oiseau captif). (215). — (Jeunes Paysans et Paysannes). (225). 2 sanguines gr. in-4. Belles ép. Marge.

125 — (Léda et le Cygne). (220. — (Femme nue assise près un panier de fleurs). (221). 2 sanguines in-4 en tr. Belles ép. Marges.

126 — (Femme nue couchée sur un lit, son bras g. relevé sur sa tête). (227). Sanguine petit in-fol. en travers. Très-belle ép. Marge.

127 — (Groupe de quatre statues de femmes soutenant...). (226). — (Mère et Enfant assis). 229). — (Fronton). (231). 3 sanguines in-fol. et in-4.

128 — (Nymphe tenant un plateau et un seau). (233). — (Femmes pleurant). D'après l'un des derniers dessins de feu F. Boucher... (235). — (Tête de jeune fille en cheveux). (238). 3 sanguines gr. in-4. Belles ép.

129 — (Diane nue couchée, vue de dos ; à dr. chiens et gibier). (240). Sanguine. Superbe ép. Marge.

130 — (Statue de Nymphe chasseresse). (245). — (Jeune Fille aux aguets). 246). 2 sanguines in-4. Très-belles épreuves.

131 — (Sainte Famille et saint Jean). (248). Sanguine in-fol en travers. Très-belle ép. Marge.

Terlie

Berard 7

[illegible] 11

132 — (Groupe de deux Amours). (252, 253). 2 sanguines in-fol. en travers. Très-belles ép. Marge.

133 — (Danse paysanne). Petit in-fol. Sans marge. — (Satyre assis). (268). In-fol. Très-belle ép. marge. 2 sanguines.

134 — (Tête de jeune Fille en cheveux, profil à dr.). (257). — Têtes d'enfants). (269, 270). 3 sanguines in-4. Belles ép. Marge.

135 — (Le Chat malade). (287). Sanguine in-4. Belle ép. Marge.

136 — (288). (Tête de jeune Fille coiffée d'un voile). (289). — Jeune Homme faisant des bulles de savon). (290). 3 sanguines in-4.

137 — Les Savoyards. (291). — (292). 2 sanguines in-4 en travers.

138 — (Paysan couché). (293). — (Petits dessinateurs). (294). 2 sanguines in-4 en travers. Belles ép. Marge.

139 — (Mères et leurs Enfants). (295, 296). 2 sanguines gr. in-4.

140 — (Education d'un Chien). (299). — (Enfants et Chaudrons). (300). — (Tête d'enfant). 302). 3 Sanguines in-4.

141 — (Buste de jeune Nymphe, dirigée à gauche). (304). Sanguine petit in-fol. Belle ép. Marge.

142 — Chien assis regardant une petite fille qui mange la soupe). — Jeune Pâtre faisant danser son chien). (311). 2 sanguines gr. in-8 en travers. Très-belles ép.

143 — (Vénus vue de dos et l'Amour). (319). — (Deux Baigneuses). (320). 2 sanguines in-4. Très-belles ép. Petite marge.

144 — (Jeune Femme couronnée nue debout accoudée sur un fût de colonne, à gauche, deux pigeons et un tête d'Amour aux grands yeux). (321). Sanguine in-4. Petite marge.

145 — (Vénus accotée sur un fût de colonne, Amour et Fidélité). (322). Sanguine petit in-fol. Belle ép.

146 — (Jeune femme donnant le sein à un chien, un chat attend). (323) Sanguine ov. in-4. superbe ép. Marge.

147 — (Groupe de treize têtes de chérubins). (344). Sanguine in-fol. en travers. Très-belle ép. Marge.

148 — (Deux Baigneuses, deux Amours et un Cygne). (345). Sanguine petit in-fol. Belle ép. Petite marge.

149 — (Amours tireurs d'arc). (358). — (Trois Amours). (366). 2 sanguines gr. in-8 en travers· Belles ép.

150 — (Cinq Amours jouant avec des roses.) — (Quatre Amours autour du char de Vénus). 2 sanguines in-4 en travers. Belles ép.

151 — (Jeune femme assise soutenant un but percé d'une flèche). Sanguine in-fol. en travers Belle ép.

152 — (Têtes de vieillards, jeune fille, vieille femme). (148-150). 3 p. in-4 aux trois crayons.

[illegible] 31 Berard 10

[illegible] 11

Ferlié

Bevrer 9 Ferlu

Ferlié

Berard 5.10

Berard 11

Ferlié

Ferlie Berard 12

Lorigues

153 — (Tête de femme inclinée en arrière). (152). Cinquième estampe à plusieurs crayons. In-fol.

154 — (Deux Amours dans les airs). (153). Sixième estampe à plusieurs crayons. Gr. in-4 en travers.

155 — (Tête de jeune fille, profil à dr. inclinée en arrière). (155). Septième estampe à plusieurs crayons. In-4.

156 — (Tête de femme coiffée d'un voile). (156). Neuvième estampe à plusieurs crayons. In-fol.

157 — (Buste de jeune femme assise, profil à dr. lisant *Éloyse*). (218). Treizième estampe à plusieurs crayons. In-4.

158 — (Amour). (219). Quatorzième estampe à plusieurs crayons. In-fol. en travers.

159 — (Têtes de jeunes filles). (249, 250). Quinzième et seizième estampe à plusieurs crayons. In-4.

160 **Brenet** (D'ap.). Tête d'homme enrubannée. (267). — Tête de jeune fille. (284). — Buste d'Amour. (285). 3 p. in-fol.

161 **Clermont** (D'ap.). Têtes de jeunes filles. (1-2, 4-5). — Trois têtes d'enfants. (3). 5 p. Belles ép.

162 **Cochin** D'ap.). (Mise au tombeau), d'ap. *F. Stellaert,* à Rome. (67). In-4. Très-belle ép. Marge.

163 — La Justice protége les arts. (125). Allégorie. Petit in-fol. Superbe ép. Marge.

164 — La Mort a révélé le secret de sa vie, (141) de l'œuvre. Allégorie. Petit in-fol. Grande marge.

165 — (Une femme tenant une palme présente un lis à l'Enfant Jésus tenu par sa mère dans un nuage), d'ap. *Pietro da Cortona* à San Marco à Rome. (142). In-4. Très-belle ép.

166 — La Justice fait prendre la plume, la Raison dicte. (194). Allégorie. In-4.

167 — La France témoigne son affection à la ville de Liège. (263). Allégorie. In-4.

168 **Courtois** (D'ap.). Têtes de jeunes filles. (315, 316). In-4.; (317, 318. — L'Anglaise (335) (coiffées de chapeaux). — La Sultane. (339). In-8. 6 p. ov. Sanguines. Très-belles ép.

169 **Dagommer** (D'ap. C.). (Oiseaux et Chiens). (1-3). — Second livre d'animaux.... (1-3). — Autres animaux, d'après C. Huet. 8 p. en travers.

170 — (Renard saisissant un coq. — Renard pris au piége près de cygnes effrayés). 2 p. in-fol. en travers.

171 **Deshayes** (D'ap.) (Tête de jeune fille vue de dos). (6). (Tête de jeune fille, profil à dr.), dess. par *Parizeau*. (312). — *Ecce Mater tua*, d'ap. *Pierre*. — (Satyre accroupi sur l'angle d'une corniche), dess. par *Michel-Ange Slodtz*, d'ap. *Annibal Carache*. 4 p. in-fol. Très-belles ép.

172 **Du Rameau** (D'ap.). Têtes d'hommes, (266, 275). Femme et Enfant. (274). — Tête d'homme, profil à gauche. (324), d'ap. *Monnet*. — Études de pieds. (3), d'ap. *Deshayes*. 5 p.

~~Gavat 17~~

[illegible] 10 Gavat 17.50

[illegible] 21

Berard 12 Bayen

Hedon 5

Hedon 5

Berard 23 Hedon 8

Berard 20 Hedon 10

Berard 9

173 **Fragonord** (D'ap.). (Jeune femme debout trois-quarts à g.). (351). — (Gros homme à perruque, assis le bras gauche sur le dossier d'une chaise). Du cabinet de M. Bergeret. (251). 2 p. in-fol. Sanguine.

174 **Hoüel** (D'ap.). Suite de paysage. (1-6). Deuxième suite de paysages. (1-4). 8 p. in-4 en travers. Belles ép.

175 — Ire Suite de petite marine. (1-4). — 2e Suite de petites marines. (1-4). 8 p. in-4 en travers. Belles ép.

176 — Paysages avec ponts. (64, 65). 2 p. in-fol. en travers. Sanguines. Très-belles ép.

177 — Ire et IIe vue des environs de Rouen. (139, 140). Très-belles ép. In-fol. en travers. Marge. 2 p.

178 **Hüet** (D'ap. J.-B.). (Jeune pâtre assis instruisant son chien). (213). Gr. in-4 en travers. — (Bergère et ses moutons). (230). Petit in-fol. en hauteur. 2 p. Sanguine. Très-belles ép.

179 — Le Marché. (326). Sanguine in-fol. Belle ép.

180 — (Homme debout et deux chiens). (243). — (Vénus et ses deux tourterelles). (244). 2 p. Sanguines in-4. Belles ép.

181 — Premier livre de différents trophées. (1-4). — Autre. (3). Livre Ier. IIe livre... 1, 3, 4. 8 p. Sanguine in-8.

182 — (Pâtre assis). (331). — (Fille de basse-cour près la ferme). (332). 2 p. in-4. Sanguines dédiées à M. Pierre, premier peintre du roi. Très-belles ép.

183 — (Faucon et Oiseaux morts). (327). — (Oiseaux et leur nid). (328). — Canards.) (329). — (Dindes). (330). — (Mouton au repos, chapeau et panier de fleurs). (361). — (Trophée de musique). (362). 6 p. Sanguines in-4. Belles ép.

184 — (Emblèmes d'amour). (367, 368, 371). 3 p. Sanguines in-4. Belles ép.

185 — (Chien poursuivant deux canards). (353). — (Chasseurs et chassés). (354). — (Chienne et ses petits). (355). — Cinq lapins). (356). 4 p. gr. in-4 en travers. Sanguines. Belles ép.

186 — (Chien saississant par le dos un Cygne qui couvait). (369). — (Chien saisissant par une patte un canard qui s'envole). (370). 2 p. Sanguine, in-4° en travers. Belles ép.

187 — (Ane bâté, brebis et moutons. (34). — La Marchande de légumes. (363). 2 p. sanguines, petit in-fol. en travers.

188 — (Vénus sur un dauphin). Du porte-feuille de M. Néra. (553). In-4° en travers, aux trois crayons.

189 — Le Midi. (547). — L'après midi. (548). — Bergère, et berger avec leurs animaux). 2 p. ovales équarris, in-fol. en travers, aux trois crayons.

190 — Têtes et pattes de dogues, sanglier, moutons; cerf, lapins, renard. 19 p. Belles épr.

Berard 9

Berard 12

Hedon 6

Zaschow 20 Hedon 6

Hedon 3

191 **Le Barbier** l'aîné (D'ap.). (Têtes de jeunes filles, profil et trois quarts). (279, 280) ; ovales. — (Tête de jeune fille forte comme nature), d'ap. Le Fèvre. (237). 3 p. sanguines, in-fol. Belles ép.

192 **Le Prince** (D'ap.). (Têtes de jeunes filles). (241, 242, 303; 256). — (Tête d'enfant flûteur). (301). — (Vieille russe lisant). 337). ovale. 6 p. sanguines, in-4°. Très-belles ép.

193 — (Jeunes femmes russes). (247, 254, 255). — (Vieille russe assise lisant dans un livre). (297). (Musiciens). (298). 5 p. sanguines in-4°. Belles ép.

194 — (Tête de jeune fille en turban). (338). Petit in-fol. aux trois crayons.

195 **Parrocel** (D'ap.). (Tête de Grec? Étude). (I). Corps de garde. (147), en travers. 2 p. sanguines, in-fol.

196 **Pierre** (D'ap.). Têtes de caractère. In-fol. d'ap. Raphael et autres, amours, pieds. 14 p.

197 **Vanloo.** (D'ap.). (Têtes à turbans). (372-375). 4 p. in-4°, aux trois crayons.

198 — (Têtes de jeunes filles). (236, 283). — (Soldats prêts à s'embarquer). (9) (3 p. sanguines, in-fol. Très-belles ép.

199 **Vanloo** (D'ap. Carle). Académies d'hommes, etc. 15 p. in-fol.

200 **Vassé** (Dessiné par). sculpteur du Roi. Louis Auguste dauphin de France, MDCCLXX. Marie Antoinette Jos. Jea. dauphine de France, MDCCLXX. 2 p. profils; ronds, in-4°, sanguine, Très-belles ép. Marges.

201 **Wateau** (D'ap.). (Jeune femme assise). Dirigée à droite. (184). Sanguine in-4°. Belle ép.

202 **Fleurs**. D'ap. *Huet*: Cinquième livre de principes et leçons. (1-4). — D'ap. *Prévost* le Jeune: Premier livre de principes et leçons. (1-6). — Deuxième livre.... (1-6). — Troisième livre.... (1-6). — Quatrième livre.... (1-4). — D'ap. *Tessier*: Études de fleurs d'après nature. (1-6). — Suite de principes et leçons. (1-3). — IIme suite de principes.... (1-4) et un (4). 40 p. belles ép.

203 **Divers** (D'ap.). Boucher del.: (Paysan couché). (293). — Le comte de Choiseul del.: (Vieille fileuse assise). (357). — Mieris inv. del.: (Deux têtes de femmes en bonnet). (259). — Van Daulen pinx.: (Buste de femme à bonnet et collerette). (309). — (Scène de 8 amours). 5 p. in-4°. Sanguine.

204 **Demarteau**. Principes de dessin dans le goût du crayon, d'ap. différents maîtres, études de têtes, mains, etc. 40 p.

205 — Amours en pied (Nos 1, 206). Tête de Jeune fille. (2). Bébé en chemise d'ap. de La Rue. (258). 4 p.

206 **Descourtis** (Chez). L'Hermite du Colisée.— La Prière interrompue. 2 p. in-fol. d'ap. *Robert*.

…orvaux 11 B[illegible] [illegible] L. B[illegible]

[illegible] B[illegible] [illegible]

Demarteau 35.

[illegible]

Demarteau 30 Will[illegible]

[illegible] 125. [illegible]

Rapilly 14

[illegible] 5

[illegible] 5

[illegible]

207 — (Par). Foire de Village, d'ap. *Taunay*. In-fol.

208 Diorama anglais ou promenades pittoresques à Londres. Vol. in-8 contenant 23 planches coloriées le n° 4 manquant. Paris 1823, demi rel., v. bleu.

209 **Dufresne** (D'ap.). Myrtile et son père. — Ménalque et Eschine. — L'invention de la lyre et du chant. — Les Zéphirs et Mélinde. — Corydon. 5 sujets, in-fol. tirés de Gessner, gravés par *Mallet* et *Thouvenin*. (8-12).

210 **Huet** (D'ap. J. B.). Le Pas de menuet (Jeune femme et son chien). *Bonnet direxit*. In-4°

211 — La Déclaration, par *A. Legrand*; petit in-fol. Très-belle ép.

212 — Les petits Gourmands, *Bonnet direxit*; (une petite fille trait une chèvre). In-4° en travers. Belle ép.

213 — Le petit Cavalier. La bonne Chienne. — 2 p. in-4° en travers *Bonnet direxit*. Belles ép.

214 — Les Boules de Savon. — La petite Attaque ou la petite Bastille. 2 p. in-4° en travers *Bonnet direxit*. Belles ép.

215 — La Peinture. (1065), par *Mallet*, chez Bonnet. In-4° en travers.

216 — Le Départ du marché. (972). par *L. Legrand*, chez Bonnet. In-4° en travers. Belle ép. Marge.

217 — (Chien et chat se menaçant; le chat est sur les genoux d'une petite fille assise). *Bonnet direxit*. Gr. in-4° en travers. Sans Marge.

218 — fecit. L'Air. La Terre. Le Feu. (775-777). 3 p. in-4° ov. en travers, chez *Bonnet.*

219 — Les Adieux du Fermier, par *Jubier*, chez Bonnet. (655). In-fol. en travers.

220 — (Paysage avec chaumière, âne chargé et laveuses à g.) par *Jubier*. In-fol. en travers.

221 — Offrande présentée par l'Amour à la Fidélité. *Bonnet*. In-fol. en travers.

222 **Janinet**. M. de Saint-Huberti de l'Académie Royalle de Musique, d'ap. *le Moine*, ov. éq. — Mlle Colombe l'Ainée, dans la Colonie, ov. 2 p. in-8°.

223 — Bonneval. Saint-Prix. Lays. Préville. 4 p.

224 — Henri IV à l'assemblée des notables, tenue à Rouen, en 1596; d'ap. *Bertaux*. In-4°.

225 — Intérieur du Palais de justice de Paris, d'ap. *Durand*; ovale en travers, petit in-fol. Belle ép.

226 — L'Aveu difficile, d'ap. *Lavreince*. In-fol.

227 **Kauffman** (D'ap. Angelica). Nymphs adorning Pan; ovale en travers, gr. in-4°

228 **Le Beau**. La foible résistance ou le verrou, d'ap. *Fragonard*. — L'amant victorieux. Suite du verrou, d'ap. *Touzet*. 2 p. ovales gr. in-4 coloriées.

229 **Le Prince**. Le Page. — La Servante. — Le Joueur de balalaye. — Le Joueur de chalumeau. — Le Bœuf. 5 p. in-8. Belles ép.

230 — L'Art de plaire. — Les Soldats. — Les Voyageurs. — Le Chariot. — Le Port. 5 p. in-8. Belles ép.

Lemarié 2

Berard 7

Berard 9

Berard 15

Berard 12

Berard 6

Fouriel 20

Fouriel 20

[illegible] 61 Fouriel 15

231 — L'Adoration des Anges, d'ap. Joseph *Vien*. In-4.

232 — Calmouk. — Halte de Calmouks. — La Jardinière. — Le Marchand de gâteaux. 4 p. in-4 en hauteur.

233 — Les Laveuses. — Les Pêcheurs. 2 p. in-fol. en hauteur. Belles ép.

234 — Les Œufs cassés. — Le Poële. — La Nourrice. — Le Berceau. 4 p. in-4 en travers.

235 — La Baraque russe. — Le Pont russe. — Les Barques. — Le Cabaret ambulant. — La Cuisine d'été. 5 p. in-4 en travers. Belles ép.

236 — La Cascade. — La Ferme. — Les Filets. — La Pompe. 4 p. gr. in-4 en travers. Belles ép.

237 — Ire Pastorale. — IIe Pastorale. 2 p. petit in-fol. en travers.

238 — Les Bateaux russes. — Le Coche d'eau. — 2 petits in-fol. en travers.

239 **Marin** (D'ap. L.). The Pleasures of Education. Ovale équarri, encadrement d'or. In-fol.

240 The Woman ta King Coffee. Ovale équarri. In-fol. Encadrement d'or. Très-belle ép.

241 — (La Lettre: Jeune femme assise lisant une lettre qu'un petit paysan vient de lui remettre) Petit in-fol. Superbe ép. avant toute lettre.

242 **Prud'hon** fils (J.). L'Amour les conduit. L'Amitié les ramène. 2 p. d'ap. *Mallet*. In-fol. en travers. Belles ép.

243 — Le Repas d'amour. La toilette d'amour. 2 p. d'ap. *Mallet*. In-fol. en travers. Belles ép.

244 **Reynolds** (D'ap.). The R. honorable countess Spencer, par *Bonnefoy*. Petit in-fol. bistre. Belle ép.

245 **Roger.** La Bergère des Alpes, d'ap, *Valin*. In-fol. en travers. Belle ép. Marge.

246 **Schall** (D'ap.). L'Amant surpris. — Les Espiègles. 2 p., par *Descourtis*. In-fol. Belles ép.

DESSINS

247 BARRY (Attribué à). Vue de Venise. Aquarelle. Petit in-fol.

248 BIANCHI (Mosé). Étude de femme assise. Aquarelle. Gr. in-4.

249 — Femme assise richement vêtue, coiffée d'un tyrolien à plume rouge. Belle aquarelle. Petit in-fol. Signé.

250 CAMBIAGGIO (Lucas). Vierge à la cueillette. Trait de plume. In-4.

251 DEPY (Louis). San Casmaro, saint Amand. 1875. Rivière bordée de maisons. Aquarelle in-4 en travers. Signé.

252 DIDIONI (F.). Jeune dame en robe jaune et ceinture rouge peignant un paysage chez elle. Aquarelle gr. in-4. Signée.

Rapilly 18

Jeuvaux [illegible]

Bryand [illegible] Berau 30

[illegible] Berani 18

[illegible]

[illegible] 20

[illegible]

253 LONG (L.). Chameau et Arabes près d'un monument égyptien dont on voit deux colonnes à g.; à dr., un arbre au bord de l'eau; au fond, autres colonnes. Aquarelle gr. in-4. Signée.

254 MAGY (Jules). Ruth et Boos Vue d'Afrique. Belle aquarelle. In-fol. en travers. Signée.

255 MANTEGAZZA (G.). Italien assis jouant du biniou fait danser sa femme et son fils près d'une fenêtre, où l'on voit deux dames. Aquarelle in-fol. Signé.

256 PRÉVOST. Réception de grands personnages dans un salon richement décoré. Aquarelle in-fol. en travers. Signée.

257 — Marché aux Indes (?); objets de luxe, esclaves, etc. Aquarelle gr. in-fol. en travers. Signée.

258 — Autre marché, en Italie (?). Aquarelle gr. in-fol. en travers. Signée.

259 — Objets d'art et de luxe offerts par un Anglais à une reine nègre. Aquarelle gr. in-fol. en travers. Signée.

260 PROVAGGI de Milan. Le Modèle honnête. Aquarelle in-fol. Signé.

261 — (Attribué à). Partie d'échecs entre un cardinal et une dame en bleu. Aquarelle gr. in-fol. en travers.

Ves RENOU, MAULDE et COCK, impre de la Compagnie des Commissaires-Priseurs rue de Rivoli, 144. 1116

www.ingramcontent.com/pod-product-compliance
Ingram Content Group UK Ltd.
Pitfield, Milton Keynes, MK11 3LW, UK
UKHW020433180726
13839UKWH00003B/1472